DIE REIHE
Archivbilder

EIN RENDEZVOUS MIT DEM
PRENZLAUER BERG

Blick in die Dunckerstraße.

DIE REIHE
Archivbilder

EIN RENDEZVOUS MIT DEM
PRENZLAUER BERG

Martin Strecker

SUTTON
VERLAG

Sutton Verlag GmbH
Arnstädter Straße 8
99096 Erfurt
www.suttonverlag.de
Copyright © Sutton Verlag, 2001

ISBN 978-3-89702-377-2

Druck: Books on Demand GmbH, Norderstedt, Deutschland

Die Stargarder Straße/Ecke Dunkerstraße.

Inhaltsverzeichnis

Danksagung   6

Einleitung   7

1. Straßenansichten   9

2. Handel und Gewerbe   27

3. Familienbilder   47

4. Vergnügungslokale   63

5. Schauspieler und Künstler   79

Danksagung

Während der Arbeit an dem vorliegenden Bildband erfuhr ich zahlreiche Unterstützung von vielen Seiten. Für die Beratung, die Hinweise und die freundliche Bereitstellung der abgebildeten Fotografien danke ich folgenden Personen:

Jan Jansen
Dieter und Susanne Kahl
Klaus Weidenbrück
Dieter Dost
Irmchen Merten
Renate Christian
Peter Skupin
Klaus Gottschlich
Erich Behrendt
Sven Last
Landesarchiv Berlin
Alfred Vöge
Uwe Fechner
Max Wendt
H. J. Rüppell
Frank Haustein
Michael Steinbach
Herr Kaupat jr.
Bernd Kähne
Otto Michaelis
Rita Chartien
Gertrud Bode
Heinz Zorn
Peter Falkenberg

Einleitung

Der Prenzlauer Berg war einst der am stärksten besiedelte Bezirk im Norden Berlins. Während der vergangenen Jahre hat dieses Stadtviertel sein architektonisches Bild verändert. Der vorliegende Bildband lädt den historisch interessierten Leser zu einer Spurensuche durch den Prenzlauer Berg ein. Die Fotografien zeigen nicht nur Menschen und Gebäude im Prenzlauer Berg, sondern erzählen auch Geschichten. Einige der Abbildungen zeigen Orte, die heute in dieser Erscheinung nicht mehr existieren. Manches Foto wird bei dem einen oder anderen Leser Erinnerungen an zurückliegende Zeiten wecken. Jüngere Leser haben die Möglichkeit, das Stadtviertel im Wandel der Zeiten seit der Wende zum 20. Jahrhundert neu zu entdecken.

Wie in anderen Stadtvierteln Berlins auch üblich, sind die Häuser im Prenzlauer Berg architektonisch und damit auch sozial zweigeteilt gewesen. In den Vorderhäusern wurden teure Wohnungen für sozial höhergestellte Familien eingerichtet. In den Hinterhäusern hingegen wohnten meist Familien mit einem niedrigen Einkommen oder sogar Arbeitslose. Dadurch vermischten sich die verschiedenen Bevölkerungsklassen innerhalb der Wohngebiete.

Die Menschen sollen in diesem Buch im Vordergrund stehen. Ein Kapitel mit Familienbildern macht deutlich, wie sich das Familienleben, die Mode, das Spielzeug usw. entwickelt hat, aber manche Tradition, zum Beispiel die der Zuckertüten, bewahrt wurde.

Aufnahmen von traditionsreichen Geschäften und Familienbetrieben reflektieren den Wandel des öffentlichen Lebens. Die Vielfalt des Viertels widerspiegeln außerdem die historischen Aufnahmen der Cafés und Restaurants. In den verschiedenen Theatern, z.B. „Carow's Lachbühne" und im „Prater", traten berühmte Schauspieler, Komiker und Musiker auf. Einige Autogrammkarten zeigen, daß namhafte Schauspieler und Künstler ihre Wurzeln im Prenzlauer Berg haben, so wuchs z.B. Hans Rosenthal hier auf.

In der Schönhauser Allee/Ecke Schwedter Straße befand sich in der Nähe des U-Bahnhofes Senefelder Platz die Polizeiinspektion.

1

Straßenansichten

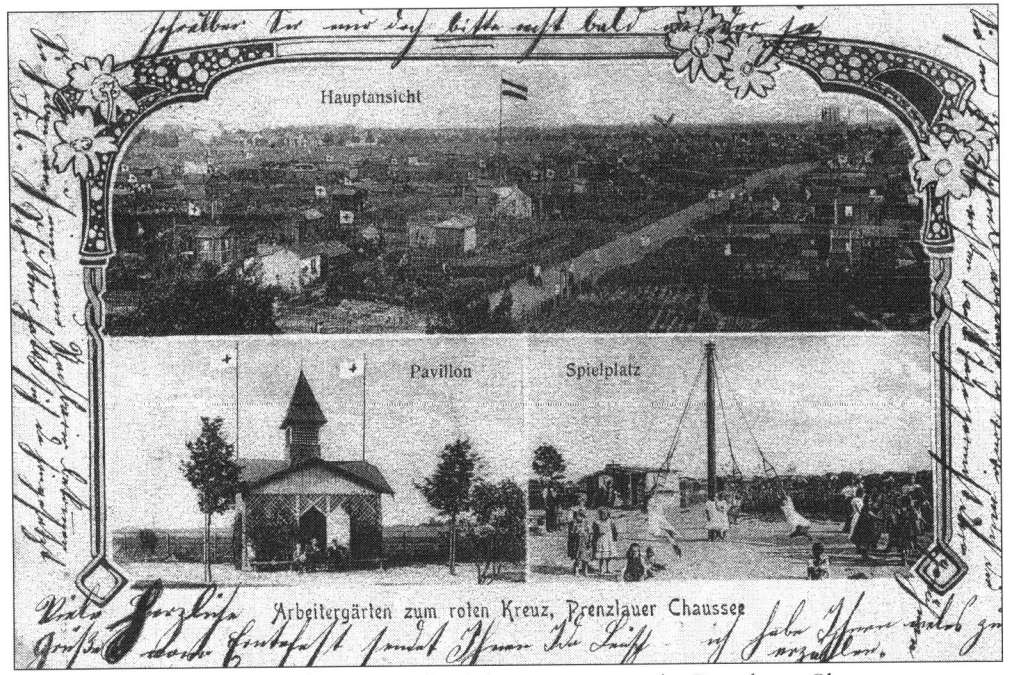

Diese 1907 verschickte Postkarte zeigt die Arbeitergärten an der Prenzlauer Chaussee.

Die Dunckerstraße/Ecke Dimitroffstraße im Winter.

Frau Merten stand mit Tochter Irmgard am Wörther Platz. Im Hintergrund ist die Knaackstraße zu sehen.

10

Das St. Katharinenstift in der Greifswalder Straße 18 wurde im gotischen Baustil errichtet.

Innenansicht des Speisesaals im Berliner Lehrerinnenheim in der Wisbyer Straße 43–44.

Die Häuser in der Carmen-Sylvia-Straße, heute Erich-Weinert-Straße, wurden in der Gründerzeit errichtet.

In der Prenzlauer Allee/Ecke Christburger Straße stand einst ein Kino.

12

Blick auf die Schönhauser Allee/Ecke Bornholmer Straße mit Toilettenhäuschen.

Zwei Straßenbahnen fuhren über die Kreuzung der Schönhauser Allee und Bornholmer Straße.

13

Die Dimitroffstraße/Ecke Prenzlauer Allee.

Hier ist die Schönhauser Allee mit dem Eingang zur U-Bahn-Station Dimitroffstraße zu sehen.

Die Reichsluftschutzschule des Präsidiums befand sich in der Danziger Straße 64. Ein Teil des Gebäudes wurde während des Zweiten Weltkrieges zerstört.

Heute befindet sich in dem Gebäude Danziger Straße 64 ein Krankenhaus.

Das Cantianstadion war international beflaggt. Einst befand sich hier der Exerzierplatz der kaiserlichen Armee.

Berlin, Einsame Pappel am Jahnstadion

Schönhauser Allee/Ecke Topstraße nahe dem Jahnstadion.

Die Werner-Seelenbinder-Halle war Austragungsort zahlreicher und verschiedenster Veranstaltungen.

Werner Seelenbinder, geboren 1904 in Berlin, war als Ringkämpfer erfolgreich und startete bei den Olympischen Spielen 1936. Im Jahre 1944 wurde er im Zuchthaus in Brandenburg ermordet.

Einsatzbrigaden der FDJ arbeiteten an der Werner-Seelenbinder-Halle, die Pfingsten 1950 fertiggestellt wurde.

Die Kinder und Erzieher des jüdischen Waisenhauses in der Schönhauser Allee 162 wurden am 19. Oktober 1942 nach Riga deportiert. Das Baruch-Auerbachsche Haus wurde nach Plänen des Architekten Hoeninger und Sedelmeyer erbaut und in den fünfziger Jahren abgerissen.

Die Badeanstalt in der Oderberger Straße 47–59 wurde im Zweiten Weltkrieg durch Bomben zerstört und in den fünfziger Jahren wieder aufgebaut.

Schwedter Straße/Ecke Christinenstraße auf einer Aufnahme aus dem Jahre 1959. Die Häuser blieben im Zweiten Weltkrieg unversehrt.

In der Kuglerstraße 18 firmierte die Meierei C. Boll, in der auch Kolonial-waren verkauft wurden. In dem Schau-kasten waren Bekanntmachungen der NSDAP-Ortsgruppe zu lesen.

Der Opel Olympia, Baujahr 1936, hatte den bekannten Zeppelin auf der Kühlerhaube.

Schönhäuser Allee/Ecke Stargarder Straße mit der Gethsemane-Kirche, die 1893 eingeweiht wurde. Der Baurat Orth erhielt Unterstützung von der Kaiserin Auguste-Victoria.

Die Aufnahme entstand auf dem Laufsteg nach der Modenschau während des Volksfestes in der Rykestraße im August 1959.

Ein Foto von der Schivelbeiner Straße, heute Willi-Bredel-Straße, vom Mai 1962.

Ein Lebensmittelgeschäft in der Lychener Straße im Jahre 1968.

Ein Opel Olympia stand im Jahre 1960 vor dem Haus Stubbenkammerstraße 11.

Die U-Bahn-Station Cantianstraße.

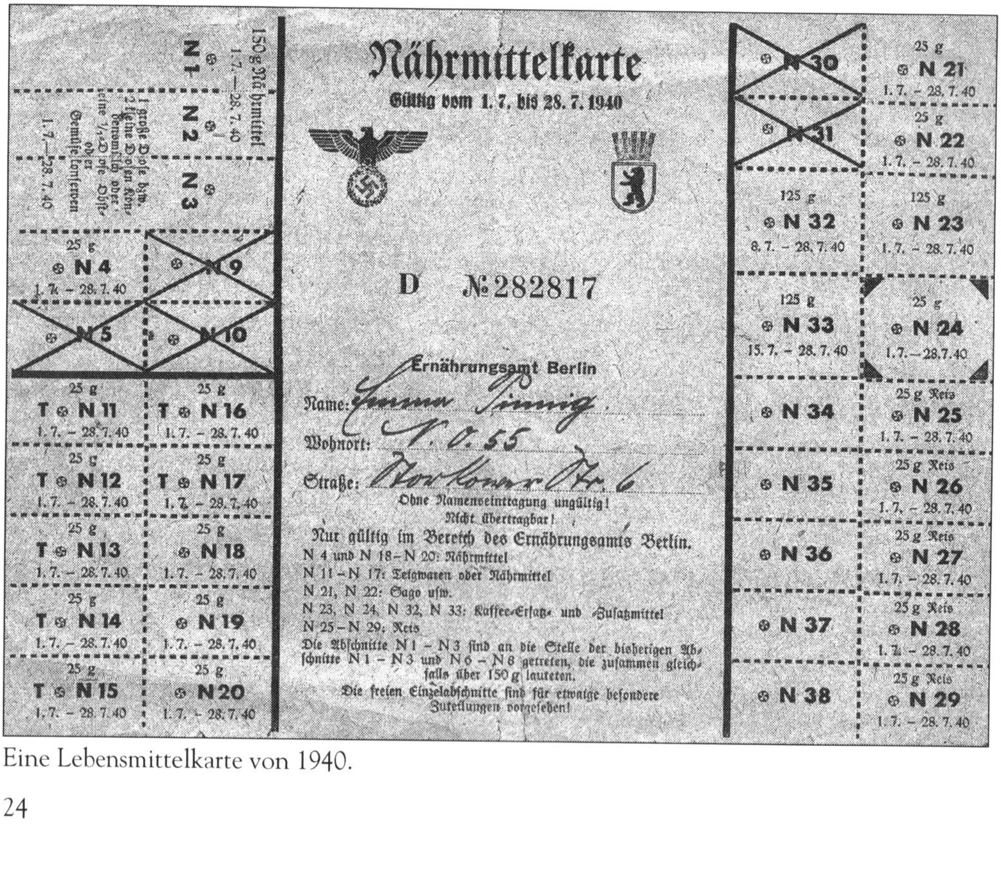

Nährmittelkarte

Gültig vom 1. 7. bis 28. 7. 1940

D № 282817

Ernährungsamt Berlin

Name: *Herman Pünig*

Wohnort: *N. O. 55*

Straße: *Karlmer Str. 6*

Ohne Namenseintragung ungültig!
Nicht übertragbar!

Nur gültig im Bereich des Ernährungsamts Berlin.

N 4 und N 18–N 20: Nährmittel
N 11–N 17: Teigwaren oder Nährmittel
N 21, N 22: Sago usw.
N 23, N 24, N 32, N 33: Kaffee-Ersatz und Zusatzmittel
N 25–N 29: Reis

Die Abschnitte N 1–N 3 sind an die Stelle der bisherigen Abschnitte N 1–N 3 und N 6–N 8 getreten, die zusammen gleichfalls über 150 g lauteten.

Die freien Einzelabschnitte sind für etwaige besondere Zuteilungen vorgesehen!

150 g Nährmittel N 1 1.7.–28.7.40		
N 2		
N 3		
25 g N 4 1.7.–28.7.40	N 9	
N 5	N 10	
25 g T ⊛ N 11 1.7.–28.7.40	25 g T ⊛ N 16 1.7.–28.7.40	
25 g T ⊛ N 12 1.7.–28.7.40	25 g T ⊛ N 17 1.7.–28.7.40	
25 g T ⊛ N 13 1.7.–28.7.40	25 g ⊛ N 18 1.7.–28.7.40	
25 g T ⊛ N 14 1.7.–28.7.40	25 g ⊛ N 19 1.7.–28.7.40	
25 g T ⊛ N 15 1.7.–28.7.40	25 g ⊛ N 20 1.7.–28.7.40	

⊛ N 30	25 g ⊛ N 21 1.7.–28.7.40
⊛ N 31	25 g ⊛ N 22 1.7.–28.7.40
125 g ⊛ N 32 8.7.–28.7.40	125 g ⊛ N 23 1.7.–28.7.40
125 g ⊛ N 33 15.7.–28.7.40	25 g ⊛ N 24 1.7.–28.7.40
⊛ N 34	25 g Reis ⊛ N 25 1.7.–28.7.40
⊛ N 35	25 g Reis ⊛ N 26 1.7.–28.7.40
⊛ N 36	25 g Reis ⊛ N 27 1.7.–28.7.40
⊛ N 37	25 g Reis ⊛ N 28 1.7.–28.7.40
⊛ N 38	25 g Reis ⊛ N 29 1.7.–28.7.40

Eine Lebensmittelkarte von 1940.

Reichshauptstadt Berlin

Wirtschafts●: Prenzlauer Berg

Jahresbrennstoffzuteilung

_____ kg (= _23_ Ztr.)

Braunkohlenbriketts

Kohlenbezugskarte I

für das Kohlenwirtschaftsjahr 1944/45

(Vom 1. April 1944 bis 31. März 1945)

A   88522   ✳

HWi 284. Mat. 4360. Din A 5. 1 600 000 2. 44 Ⓒ | Rückseite beachten!

Bezugsberechtigter:

Zuname   _Vorname_

In meine Kundenliste unter

Nr. _51_ eingetragen.

Berlin-

Straße / Platz Nr. _5_

Firmenstempel des Kohlenhändlers

1944/45	1944/45	1944/45	1944/45	1944/45	1944/45	1944/45	1944/45
20	**24**	**28**	**32**	**36**	**40**	**44**	**48**
1944/45	1944/45	1944/45	1944/45	1944/45	1944/45	1944/45	1944/45
19	**23**	**27**	**31**	**35**	**39**	**43**	**47**
1944/45	1944/45	1944/45	1944/45	1944/45	1944/45
22	**26**	**30**	**34**	**38**	**42**	**46**

Eine Kohlenbezugskarte aus dem Jahre 1944. Für einen Abschnitt erhielt man 50 Kilogramm Kohlen. Die Karte war nicht übertragbar.

Eine „Reichskarte für Urlauber" erhielten Frontsoldaten für die Zeit ihres Heimaturlaubes.

25

Prenzl.Berg Erw / 503	Prenzl.Berg Erw / 502	Prenzl.Berg Erw / 501	Prenzl.Berg Erw / zz	Prenzl.Berg Erw / uu	Prenzl.Berg Erw / pp	Prenzl.Berg Erw / kk
Bezugsausweis für Gemüse u. a. 5a - Ausgabe Erw Bei Verlust kein Ersatz! Nicht übertragbar!			Prenzl.Berg Erw / yy	renzl.Berg Erw / tt	Prenzl.Berg Erw / oo	Prenzl.Berg Erw / ii
94995 ✳			'renzl.Berg Erw / xx	Prenzl.Berg Erw / ss	Prenzl.Berg Erw / nn	Prenzl.Berg Erw / hh
Name:			Prenzl.Berg Erw / ww	Prenzl.Berg Erw / rr	Prenzl.Berg Erw / mm	Prenzl.Berg Erw / gg
Vorname: Berlin Str./Pl. Nr.			Prenzl.Berg Erw / vv	Prenzl.Berg Erw / qq	renzl.Berg Erw / ll	Prenzl.Berg Erw / ff

Eine Lebensmittelkarte für Gemüse. Die Versorgungslage für Obst- und Gemüse war in den Nachkriegsjahren schlecht. Wer die Möglichkeit hatte, pflanzte im Garten oder sogar auf dem Balkon selbst an.

Eine Rauchermarke, die 1949 im sowjetischen Sektor Berlins Gültigkeit hatte. Nichtraucher tauschten diese gegen Lebensmittelmarken ein.

2

Handel und Gewerbe

Gustav Bode, zweiter von rechts, stand mit den Angestellten vor seiner Rind- und Schweineschlächterei in der Pasteurstraße 28. Er eröffnete sein Geschäft im Jahre 1928.

Gustav Bode sitzt auf diesem Foto in der Mitte der ersten Reihe umringt von Fleischermeistern und Gesellen.

Ein Pferdefuhrgespann fuhr die Greifswalder Straße entlang. Im Hintergrund ist die Gasanstalt zu sehen. Die Dampf- und Feinwäscherei nahm jede Art von Wäsche an und brachte sie ohne Aufschlag ins Haus.

Das Geschäft des Optikers Dase in der Prenzlauer Allee 204 während der dreißiger Jahre.

Die Aufnahme entstand Anfang der vierziger Jahre. 1960 übernahm Optiker Kaupat das Geschäft und feierte im Jahre 2000 sein 40jähriges Geschäftsjubiläum.

Die Kopenhagener Straße 16 fotografiert am 14. Juni 1906. In diesem Jugendstilhaus befanden sich die Gardinenspinnerei Karl Schönemann und die Konditorei Emi Rabina.

In der Prenzlauer Straße/Ecke Franseckystraße, heute Sredzkistraße, betrieb Peter Heckel 1936 ein Bandagengeschäft.

Das Geschäft des Schneidermeisters Otto Michaelis in der Prenzlauer Allee 209a, um 1936.

In der Schivelbeiner Straße 82 befand sich eine kleine Markthalle für Räucherwaren und Geflügel sowie das Konfitürengeschäft Elsbeth Herzog und der Frisiersalon von Oskar Müller. Das Haus wurde bei einem Luftangriff zerstört.

Die Mehl- und Kolonialwarenhandlung von Herrn Chrispelin in der Schivelbeiner Straße 35.

Die Bötzowstraße/Ecke Hufelandstraße waren Teil einer gutbürgerlichen Wohngegend.

Schivelbeiner Straße 34 mit den Mitarbeitern der Gardinenspannerei. Die Schivelbeiner Straße wurde 1971 in Willi-Bredel-Straße umbenannt.

Dieses Jugendstilhaus in der Schivelbeiner Straße/Ecke Schönfließer Straße wurde 1906 von Fuhrunternehmer Hanisch Vöge erbaut. Neben einem Friseursalon und einem Lebensmittelladen gehörte die Apotheke Gathmann zu den ersten Geschäften im Erdgeschoß.

Das Uhren- und Schmuckgeschäft von Erich Behrendt in der Greifswalder Straße 197. Das Geschäft wurde am 12. Februar 1929 eröffnet.

Das Ehepaar Behrendt reparierte die Uhren im Verkaufsraum. Sohn Axel führt das Geschäft bis heute weiter.

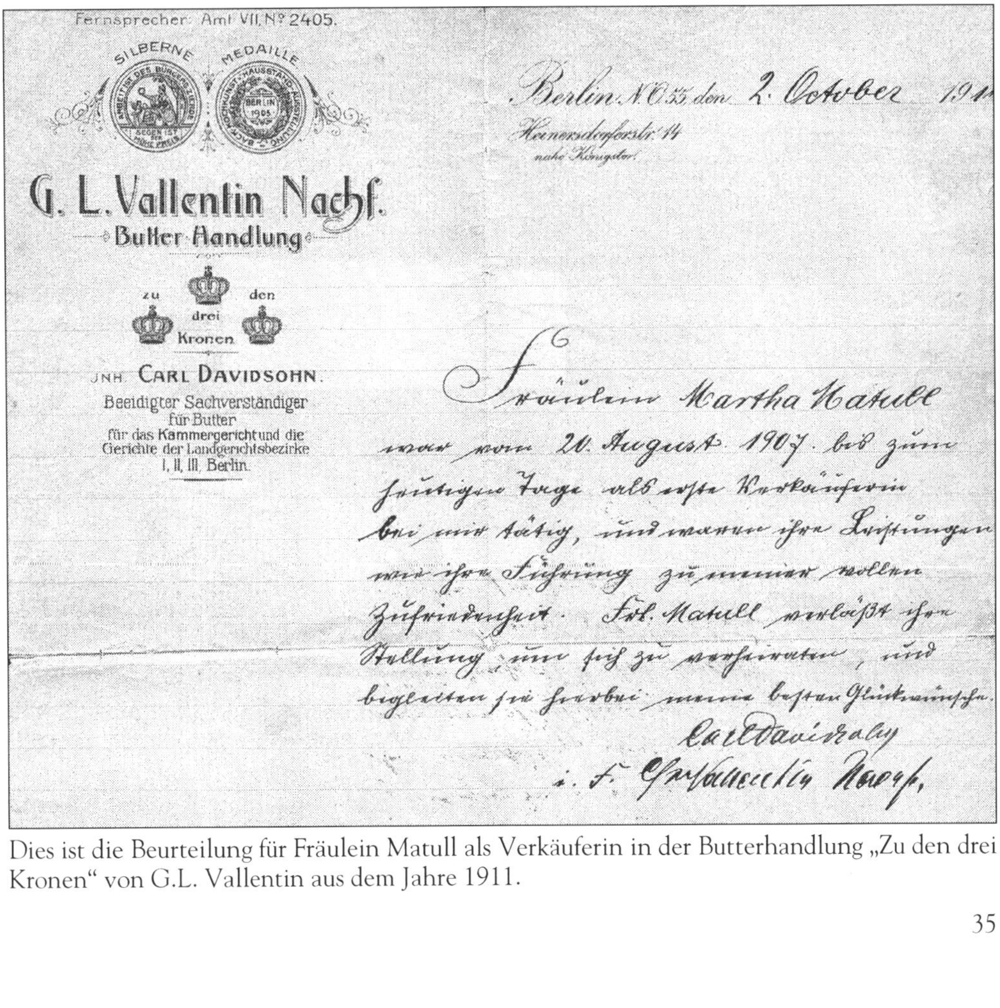

Fernsprecher: Amt VII, N° 2405.

SILBERNE MEDAILLE

G. L. Vallentin Nachf.
— Butter Handlung —

zu den drei Kronen

INH. CARL DAVIDSOHN.
Beeidigter Sachverständiger
für Butter
für das Kammergericht und die
Gerichte der Landgerichtsbezirke
I, II, III, Berlin.

Berlin N.O. 55, den 2. October 191.
Heinersdorferstr. 14
nahe Königstor.

Fräulein Martha Matull
war vom 20. August 1907. bis zum
heutigen Tage als erste Verkäuferin
bei mir tätig, und waren ihre Leistungen
wie ihre Führung zu meiner vollen
Zufriedenheit. Frl. Matull verläßt ihre
Stellung um sich zu verheiraten, und
begleiten sie herbei meine besten Glückwünsche.

Carl Davidsohn
i. F. Gebrüder Nachf.

Dies ist die Beurteilung für Fräulein Matull als Verkäuferin in der Butterhandlung „Zu den drei Kronen" von G.L. Vallentin aus dem Jahre 1911.

Das „Textil-Eck" in der Prenzlauer Allee. Das Konsumgeschäft wurde im Juli 1960 eröffnet.

In der Schneiderstube des VEB „Aktivist" arbeiteten die Frauen 1955 an Singernähmaschinen.

Der Dekorateur Herr Götze gestaltete diese Schaufenster anläßlich des Nikolaustages.

Ein Geschäft in der Ystader Straße. Da sich das Geschäft nahe der Grenze befand, brauchte man eine Sondergenehmigung, um in dieses zum Einkaufen gehen zu können.

In den sechziger Jahren wurde die Milch in Kannen verkauft. So gab es z.B. Zucker, Grieß und Erbsen nur als lose Ware und mußte erst in Tüten abgefüllt und gewogen werden.

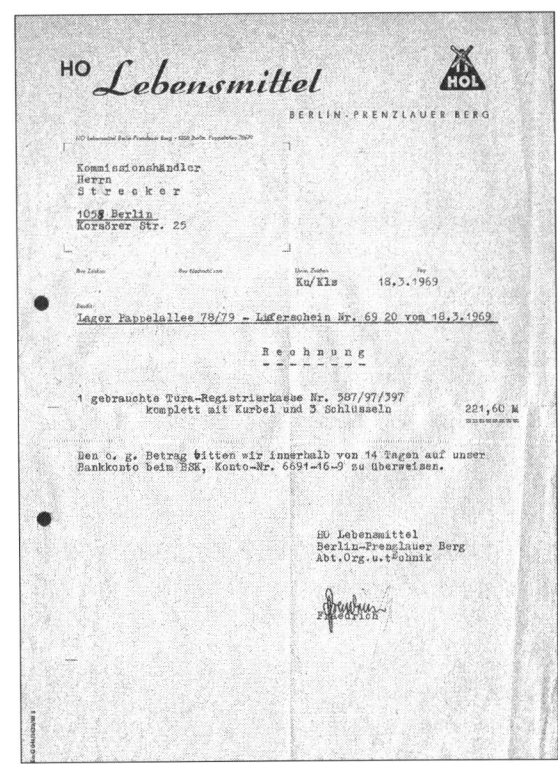

Eine Rechnung aus dem Jahre 1969 für eine Registrierkasse der Marke TURA.

Angestellte vor der Bäckerei und Konditorei Klose im Jahre 1951 in der Pappelallee 87. Das Haus wurde später abgerissen.

Ein Lehrbrief für das Bäckerhandwerk, ausgestellt im Jahre 1950.

Die Schnittbrotabteilung des VEB „Aktivist" in der Saarbrücker Straße im Juli 1959.

Beim Ausschneiden der Fleischstücke in der Salatabteilung des VEB „Aktivist" im November 1958.

![Die Skatrunde der Fleischfahrer des VEB „Aktivist" während einer Pause im November 1958.](photo)

Die Skatrunde der Fleischfahrer des VEB „Aktivist" während einer Pause im November 1958.

EHRENURKUNDE

Für seine verdienstvolle
ehrenamtliche Mitarbeit
im Berliner Handwerk
spricht die
Handwerkskammer Groß-Berlin
dem Fleischermeister

Klaus Gottschlich

Dank und Anerkennung
aus

Berlin, den 7. Oktober 1976

Am 7. Oktober 1976 erhielt Fleischermeister Klaus Gottschlich eine Ehrenurkunde.

Annemarie Gottschlich wurde in ihrem Geschäft die Ehrenurkunde von Bezirksbürgermeister Kraitzei überreicht.

Die Fleischerei in der Prenzlauer Allee in einer aktuellen Aufnahme.

Der Verkaufsraum eines HO-Ladens.

Schaufensterwettbewerb der HO in der Saarbrücker Straße anläßlich des 7. Oktober.

In der Schönhauser Allee war das Schaufenster in Erwartung des Besuches von Nikita Chruschtschow geschmückt.

Der Konsumladen 1960 in der Stolpischen Straße 42. Im Jahre 1978 wurde diese in Paul-Robeson-Straße umbenannt.

Anläßlich der Erfüllung des Fünfjahresplanes wurden Auszeichnungen vorgenommen.

Als Brigadefeier wurde eine Dampferfahrt mit der „Weißen Flotte" unternommen.

3

Familienbilder

Im Garten des Marthashofes in der Schwedter Straße. Er war eine evangelische Einrichtung für notleidende Kinder und wurde vom Evangelischen Convent unterstützt.

Im Marthashof.

Im Spielzimmer des Marthashofes.

Kinder des Marthashofes beim Spielen mit den Puppen.

Der Spielplatz in der Kolmarer Straße im Jahre 1941.

Der kleine Antonio aus der Prenzlauer Allee 36.

Dieter Last auf dem Parkweg in der Schönhauser Allee/Ecke Franseckystraße, heute
Sredzkistraße, im Herbst 1940.

Silvia Zorn mit Bruder Axel nach ihrer Einschulung im Jahre 1969 vor dem Haus Anton-Saefko-Straße 36.

Axel Zorn stand am Tage seiner Einschulung auf dem Anton-Saefko-Platz vor dem Denkmal des Widerstandskämpfers.

Unterricht in der Ganztagsschule in der Ibsenstraße.

Klassenfoto von 1948 mit Schülern der Schule in der Pappelallee und dem Lehrer Herr Greski.

Irmgard Merten, Inge Kelten und Gerhard Pöppel, von links nach rechts, ließen sich nach ihrer Kommunion 1958 fotografieren.

Diese Aufnahme entstand ebenfalls nach der Kommunion.

Diese Jugendweihefeier im April 1968 wurde
mit Musik aus dem Radio und vom Schall-
plattenspieler musikalisch untermalt.

Auf dem Schulhof in der Ibsenstraße, 1968.

Das Ehepaar Margot und Kurt Zimmermann im Jahre 1943. Eine Ausnahmegenehmigung anläßlich der Hochzeit machte einen Heimaturlaub trotz der Urlaubssperre bei der Luftwaffe möglich.

Ein Hochzeitspaar in der Fehrbelliner Straße.

Diese Hochzeitspaar ließ sich vor dem Standesamt in der Froebelstraße im Herbst 1956 fotografieren.

Auch die Hochzeitsmode ändert sich im Laufe der Zeit.

Heinz Alvin im Matrosenanzug mit seinen Eltern im Jahre 1917.

Die Familie Zimmermann. Der Vater Kurt war Pilot bei der Luftwaffe und wurde im Laufe des Krieges zum Hauptfeldwebel befördert.

Inge Merten mit ihren Kindern auf dem Balkon in der Knaack-/Ecke Kollwitzstraße.

Dieses Foto von der Familie Bode entstand 1954.

Vier Generationen der Familie Bode, 1953.

Vater Bode mit seinen zwei Söhnen. Erich, links, war Unteroffizier bei der Luftwaffe und verunglückte beim Mienenräumen im Oktober 1945.

Joseph Christian, Besitzer des Cafés am Senefelder Platz, arbeitete während des Zweiten
Weltkrieges beim Luftschutz.

Weihnachtsfeier einiger Luftschutzhelfer im Jahre 1941.

SA. der N. S. D. A. P.　　　　　　　Berlin, den ..... 22. Mai 1941 .....194.

Sturm 23/4

N 58, Treskowstr. 16

E i n b e r u f u n g

zur vormilitärischen Wehrerziehung.

Lt. Verordnung des O. K. W. vom 1. Dezember 1939 und
Befehl des Führers sind Sie dem SA-Sturm 23/4 zur vormilitä =
rischen Wehrerziehung zugeteilt.

Sie werden hiermit aufgefordert, sich unter Vorlage
dieses Schreibens am

Sonntag, dem ..... 25. Mai 1941 ..... von 9 - 11 Uhr vorm.
im Dienstlokal des Sturmes 23/4 S c h r ö d e r , N. 58,
Schönhauser Allee, Ecke Wörtherstr., mit einem Ausweis über
Ihre Person und Wehrpass zu melden.

Falls Sie durch Einberufung zur Wehrmacht, zur Polizei
oder sonstigen Dienst (nicht durch Arbeit) an Ihrem
Erscheinen verhindert sind, haben Sie dieses durch Vorlage
einer glaubhaften Bescheinigung durch einen Familienangehörigen
an dem oben genannten Tage nachzuweisen.

Der Führer des Sturmes 23/4

i. V.

(Operskalski)

Oberscharführer.

Ein Einberufungsbefehl vom 22. Mai 1941.

60

Diese Rohrpostkarte wurde vom 10. November 1898 an den Schneidermeister C. Dietrich zwecks Rücksprache wegen eines Stiftungsfestes am 19. November und des bevorstehenden Treffens des Männergesangvereines geschickt.

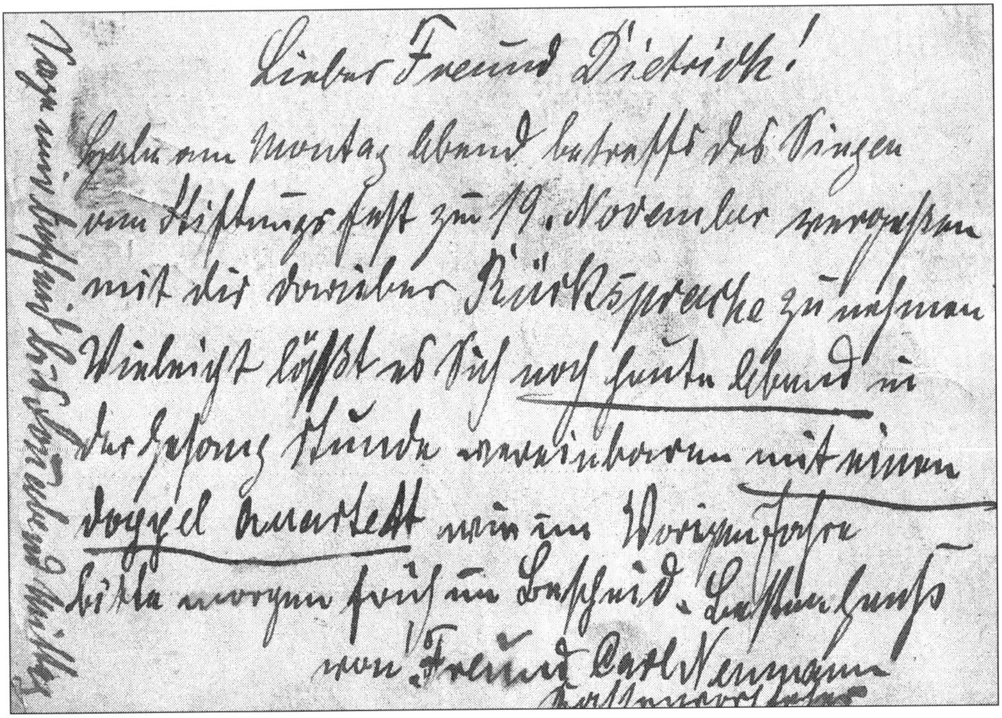

Das Ehepaar Hoff in der Topsstraße 8 feierte ihre Silberhochzeit.

Eine Geburtstagsfeier in der Greifenhagener Straße.

4

Vergnügungslokale

Im Garten des Restaurants „Zum Schutheiß" in der Schönhauser Allee 36–39 ließ sich ange-
nehm die Ruhe genießen.

Eine Innenansicht des Restaurants „Zum Schultheiß".

Diese Postkarte von 1914 zeigt den Biergarten der Brauerei Pfefferberg in der Schönhauser Allee 176.

Ein Postkartengruß aus dem Jahre 1905 mit einer Abbildung der Restauration von H. Steeger in der Lothringer Straße 16.

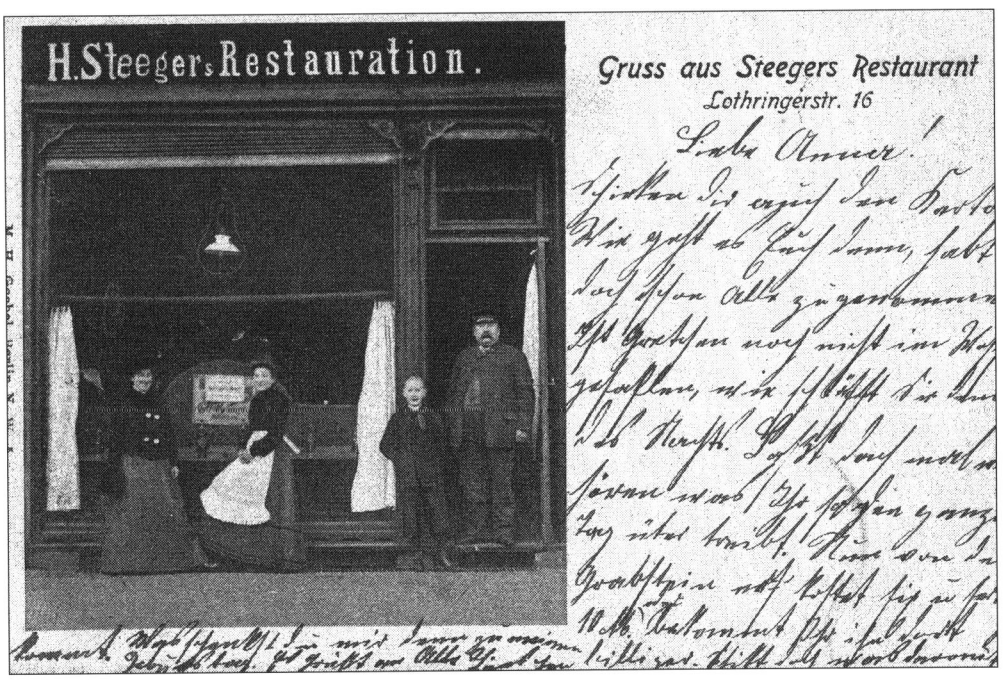

Eine Karte mit dem Schweizergarten aus dem Jahre 1903. Der Park am Friedrichshain wurde zur Erinnerung an König Friedrich II. von Preußen angelegt.

Das Gartenlokal der Brauerei Königsstadt in der Schönhauser Allee 10–11 wurde von dem Ökonom Robert Liebing geführt.

1864 gründete Julius Bötzow die Bötzower Brauerei in der Prenzlauer Allee mit einem großen Konzert- und Tanzsaal. Er durfte sich Königlicher Hoflieferant nennen.

Eine Eintrittskarte für eine Weihnachtsfeier, die in der Brauerei Bützow im Dezember 1918 stattfand.

Einrichtung der Konditorei und dem „Café Schneider" in der Schönhauser Allee 33.

Das Haus Schönhauser Allee 33, hier im Jahre 1936, wurde in der Gründerzeit gebaut und im Zweiten Weltkrieg bei einem Bombenangriff zerstört.

Ein Bild von der Schönhauser Allee 33 mit dem „Café Schneider" nach der Zerstörung. Der jüdische Inhaber der Staubsaugerfabrik Knutsch, die sich im Hinterhof befand, wurde 1938 zwangsenteignet und kam im Konzentrationslager um.

Im Restaurant „Schloß Waldeck" in der Greifswalder Straße 41–42 fanden zur Unterhaltung der Gäste Konzerte statt.

Konditorei und „Café Christian" am Senefelder Platz in der Schönhauser Allee 173.

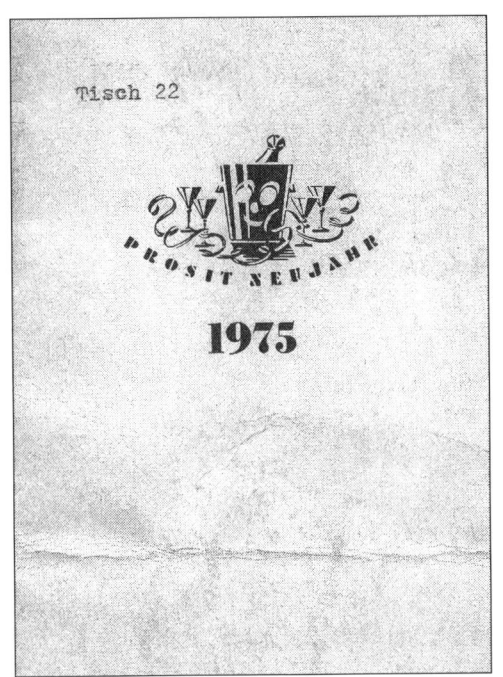

Eine Eintrittskarte zur Silvesterfeier 1975 in der HO-Gaststätte in der Pappelallee.

Peter Skupin während seiner Arbeit in den „Offenbachstuben" in der Stubbenkammer-straße/Ecke Senefelder Straße.

Eine Brigadefeier des Außenhandels für Glas und Keramik, Abteilung Buchhaltung und Finanzen, im Jahre 1973.

Die Weinstube „Zur Reblaus" befand sich am Falkplatz 1.

Ein „orientalischer Botschafter" auf einem Kostümfest im Jahre 1954.

Gäste des Maskenballs im „Casino des Handwerks", 1954.

Das beste Kostüm wurde durch Herrn Dr. Dörfer prämiert.

Ein ungarischer Pandur kam 1952 zum Masken-
ball.

Irmgart Merten tanzte auf dem Kinder-
fasching, 1951.

Faschingsfeier im Hof der Ryckestraße/Ecke Wörther Straße, 1951.

Das Restaurant „Stadion-Eck" stand 1941 am Falkplatz seinen Gästen offen.

In der Schivelbeiner Straße trafen sich die Billardspieler zu einem Turnier.

Die Billardspieler während des Turniers in der Schivelbeiner Straße.

Für Clubmitglieder kostete das Billardspielen 1 Mark pro Stunde.

Die Bedienung im Restaurant „Zum weißen Hirsch" in der Schivelbeiner Straße 11.

Wirtin Frieda Zimmermann am Ausschank auf der Silvesterfeier im „Stadion-Eck".

5

Schauspieler und Künstler

Das Theater „Prater" in der Kastanienallee 7–9 kaufte in den fünfziger Jahren Rudolf Platte.

Am Weinbergsweg 15, gegenüber von „Carow's Lachbühne", befand sich bis 1914 ein Theater. In diesem wurde das Wöllanksche Kriegslazarett eingerichtet.

Auf der Postkarte von 1909 ist die Inneneinrichtung des „Schultheiß-Ausschanks" in der Kastanienallee 23 zu sehen.

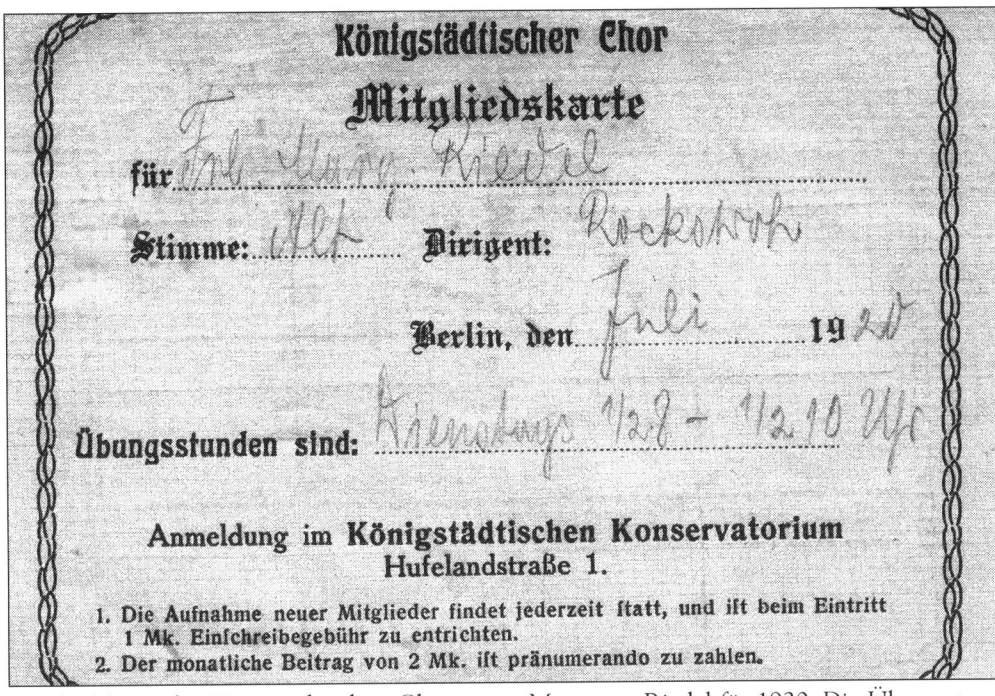

Mitgliedskarte des Königstädtischen Chores von Margarete Riedel für 1920. Die Übungsstunden mit dem Dirigenten Herrn Rockstroh fanden im Königstädtischen Konservatorium in der Hufelandstraße 1 statt.

Einladung für das Silvesterprogramm des Komikers Fredy Sieg in „Carow's Lachbühne" im Jahre 1937.

Eine Autogrammkarte des Humoristen Paul Foerster.

Das Haus Carow war ein beliebter Treffpunkt für Berliner Künstler, wie z.B. Fredy Sieg, Robert T. Odemann, Claire Schlichtig, Henny Porten und Paul Gratz. Erich Carow starb 1956.

Autogrammkarte des Schauspielers und Komikers Rudolf Platte (1904–1984).

Marina Ried war die Ehefrau von Rudolf Platte.

Gustav Scholz, geboren im Jahre 1930, verbrachte seine Kindheit in der Choriner Straße 54. Sein Vater Willi arbeitete als Schmied. Gustav, genannt Bubi, war als mehrfacher Europameister das Boxidol in den fünfziger Jahren.

Bubi Scholz unterlag am 12. April 1962 im Olympiastadion dem Titelverteidiger Harold Johnson nach Punkten. Damit verpaßte er nur knapp den Weltmeistertitel. 1965 beendete er seine Profikarriere.

FRANZ GROTHE,   8182 Bad Wiessee

                                                      17.Dezember 1971.

    Sehr geehrte Frau Hinze,

                    sie haben mir mit der Übersendung des
    Fotos eine grosse Freude gemacht und ich danke Ihnen dafür!
    Anbei sende ich Ihnen ein Bild,so wie ich heute noch aussehe,
    und hoffe Ihnen damit auch eine kleine Freude gemacht zu haben!

                    Mit besten Grüssen zum Weihnachtsfest,
                    bin ich Ihr

Franz Grothe

Der Komponist und Dirigent Franz Grothe (1908–1982) wurde insbesondere durch seine Filmmusik und sein Musical „Das Wirtshaus im Spessart" bekannt.

Manfred Ludwig Lommel, rechts, war bei der Probenbesprechung mit der Sängerin Ilse Werner für das „Deutsche Wunsch-Conzert" in den vierziger Jahren anwesend.

Gerd E. Schäfer wohnte in der Danziger Straße, war Mitglied des Schauspieler-ensembles des Fernsehens der DDR und kam 1956 zum Kabarett „Diestel". 1960 spielte er in dem DEFA-Film „Silvester Punsch" zusammen mit Gustav Möller und Heinz Draehn.

Der Fernsehunterhalter Hans Rosenthal (1925–1987) begann seine Karriere 1945 beim Sender RIAS Berlin. An seinem Wohnhaus in der Winsstraße 63 wurde eine Gedenktafel angebracht. Während des Zweiten Weltkrieges mußte er als Jude Zwangsarbeit leisten. Er überlebte den Holocaust, weil er von 1943 bis 1945 in einer Berliner Gartenlaube versteckt wurde.

BERLINER GEDENKTAFEL

In diesem Haus wohnte von 1925 bis 1941

HANS ROSENTHAL
2.4.1925 – 10.2.1987

Rundfunk- und Fernsehmoderator
Mitglied des Zentralrates der Juden in Deutschland

Von den Nationalsozialisten ausgegrenzt und verfolgt
mußte er zu Beginn des Zweiten Weltkrieges
Zwangsarbeit leisten
Versteckt in einer Laubenkolonie im Nordosten Berlins
überlebte er die Shoa
Hans Rosenthal war einer der beliebtesten und
erfolgreichsten Showmaster der deutschen Nachkriegszeit

Herbert Köfer, Jahrgang 1921, verlebte
seine Kindheit im Prenzlauer Berg.

Der Schauspieler Horst Buchholz wurde 1933
in der Gneiststraße geboren. Bekannt wurde
er u.a. mit den Filmen „Himmel ohne Stern"
(1955), „Herrscher ohne Krone" (1956) und
„Robinson soll nicht sterben" (1957).

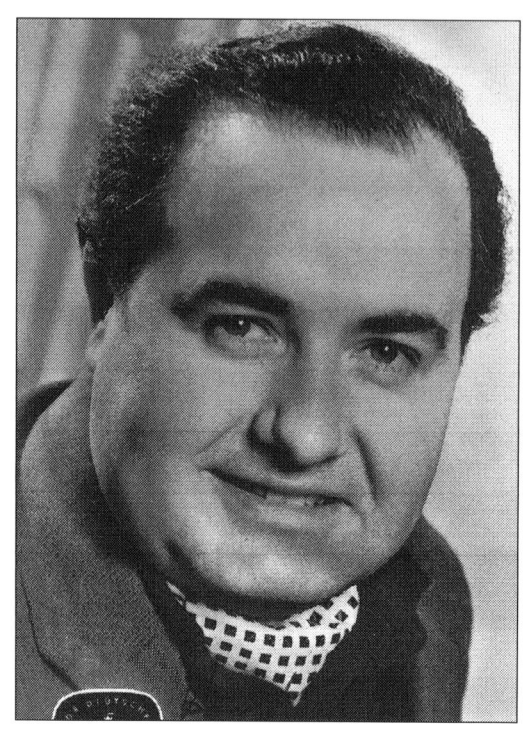

Heinz Quermann trat Anfang der fünfziger Jahre als Conférencier im „Puhlmann Theater“ in der Schönhauser Allee auf. Quermann schrieb Stummfilmparodien und stand mit seinem Kabarettprogramm „Wie hätten Sie's denn gerne?“ auf der Bühne. Das seit 1840 existierende „Puhlmann Theater“ wurde 1963 geschlossen.

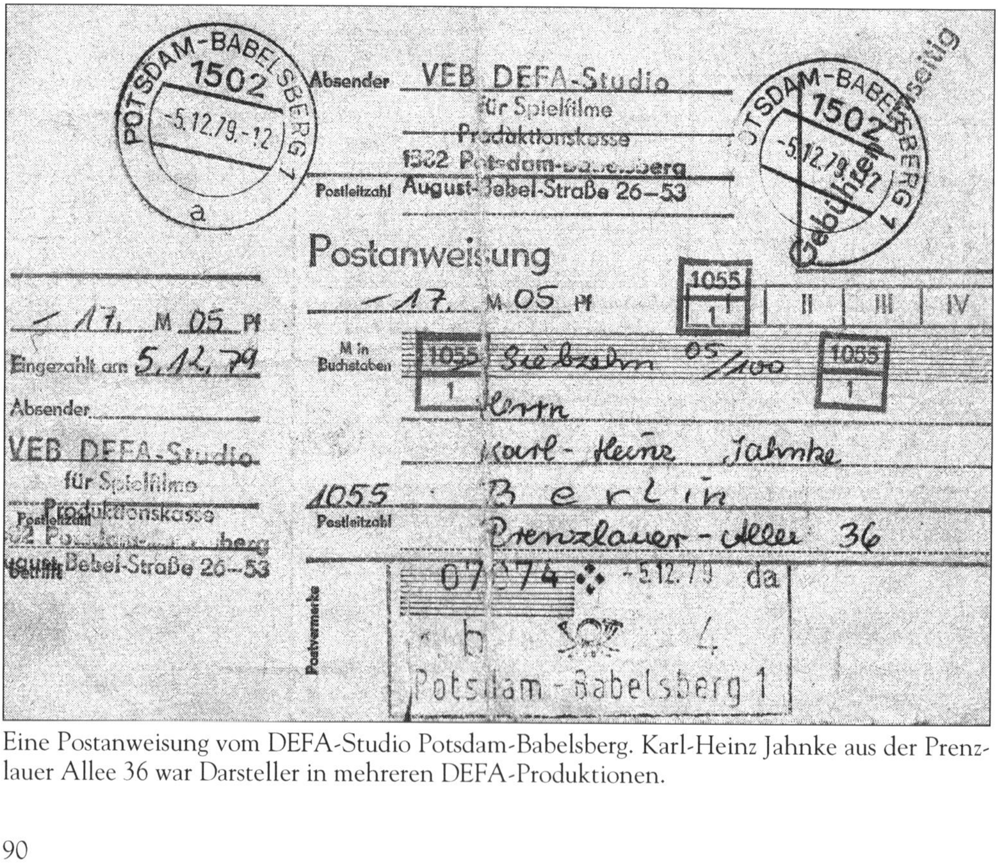

POTSDAM-BABELSBERG 7
1502
-5.12.79.-12
a
Absender VEB DEFA-Studio
für Spielfilme
Produktionskasse
1502 Potsdam-Babelsberg
Postleitzahl August-Bebel-Straße 26–53
Postanweisung
-17, M 05 Pf
1055
1 II III IV
-17, M 05 Pf
Eingezahlt am 5.12.79
Absender
VEB DEFA-Studio
für Spielfilme
Produktionskasse
Postleitzahl
August-Bebel-Straße 26–53
M in Buchstaben Siebzehn 05/100
Herrn
Karl-Heinz Jahnke
1055 Berlin
Postleitzahl Prenzlauer-Allee 36
07074 -5.12.79 da
Postvermerk
b 4
Potsdam-Babelsberg 1

Eine Postanweisung vom DEFA-Studio Potsdam-Babelsberg. Karl-Heinz Jahnke aus der Prenzlauer Allee 36 war Darsteller in mehreren DEFA-Produktionen.

Die Schauspieler Dieters Dost und Micele Placido bei Dreharbeiten zu dem Film „Der Ermittler" in der Wörther Straße/Ecke Husemannstraße.

Dieter Dost als Bahnbeamter in dem Film „Die Spaziergängerin von Sanssouci", in dem Romy Schneider die Hauptrolle spielte.

Dieter Dost, rechts, spielte in dem Film „Käthe Kollwitz" die Rolle eines Kommunisten.

Der Musiker spielte auf einer Tanzveranstaltung Anfang der fünfziger Jahre.

Die Eröffnung des „Praters" im Mai 1960.

Eine Sängerin trat auf dem „Fest der jungen Talente" im „Prater" im Petticoat auf.

Das Kinderballett der DDR hatte im Rahmen einer Jugendweihefeier im „Prater" einen Auftritt.

Der Sänger Frank Gahler trat mit seiner Band beim „Rockfest für den Frieden" auf.

Die Monokel-Rhythm & Blues Band.

Monokel=Rhythm&Blues
4 Mann
über:
Frank Gahler
1034 Berlin
Gubener Straße 13
Ruf: 588 73 65
oder: Erkner 5548
0211

Die Heimat entdecken!

Von Kiel bis Wien,
von Aachen bis Görlitz:
Entdecken Sie Alltagsgeschichten
aus Ihrer Heimatstadt!

Leben in der Großstadt ...

Tauchen Sie ein in das quirlige Großstadtleben vergangener Tage. Spazieren Sie über breite Boulevards und stürzen Sie sich ins Nachtleben. Erkunden Sie ihre Stadt durch die Fensterscheiben einer Straßenbahn oder des ersten Käfers und bewundern Sie prächtig geschmückte Schaufenster.

... und ländliche Idylle

Wie sah das Leben in Ihrer Heimat aus, als die Bauern noch mit Pferden pflügten und jedes Dorf seinen eigenen Schmied hatte, jeder noch jeden kannte und das Leben sich zwischen Kirche, Wirtshaus und Wohnküche abspielte?

Erinnerungen an die Schulzeit …

Erinnern Sie sich noch an die Zeiten von Abakus und Schiefertafel, an Klassenausflüge oder den ersten Taschenrechner? Blicken Sie zurück auf große Klassen und gestrenge Schulmeister, entdecken Sie auf Klassenfotos Freunde und Bekannte von früher!

... und das Arbeitsleben

Entdecken Sie, wie sich das Arbeitsleben in den letzten hundert Jahren verändert hat. Werfen Sie einen Blick in Fabrikhallen, blicken Sie Handwerksmeistern bei ihrer Arbeit über die Schulter und erinnern Sie sich an den Einkauf im Tante-Emma-Laden.

Gesellige Stunden im Verein …

Fußballclub und Schützenverein, Musikkapelle und Gesellenverein: Schauen Sie zurück auf Volksfeste und Turniere, Chorproben oder Prunksitzungen. Erinnern Sie sich an schöne Stunden und das gesellschaftliche Leben in Ihrer Heimat.

... und im Familienkreis

Werfen Sie einen Blick in die Wohnzimmer vergangener Tage und entdecken Sie, wie sich zwischen schweren Eichenmöbeln, Nierentischen und Ikea-Regalen der Alltag verändert hat. Erleben Sie Familienfeiern und Weihnachtsfeste im Wandel der Jahrzehnte mit.

www.suttonverlag.de

Alltagsgeschichte in historischen Fotos
zu über 1000 Regionen, Städten
und Gemeinden

Bestellen Sie jetzt
Ihr persönliches Exemplar auf

www.suttonverlag.de

Zeitfracht Medien GmbH
Ferdinand-Jühlke-Straße 7
99095 Erfurt, Deutschland
produktsicherheit@kolibri360.de

Druck:
CPI Druckdienstleistungen GmbH
im Auftrag der
Zeitfracht Medien GmbH
Ein Unternehmen der Zeitfracht - Gruppe
Ferdinand-Jühlke-Str. 7
99095 Erfurt